Alma olorosa

UND
BESTEN
DANK
FÜR
EINEN
WUNDERSCHÖNEN
ADVENTSTAG
BEI
FAMILIE
GREISLER

IHR

 18.12.04

Centaureo C. Nitsche

Alma olorosa

Gedichte

Verlag Schaack GmbH

Verlag Schaack GmbH
Grafische Produktionen
55469 Simmern
ISBN 3-929561-01-8

Inhaltsverzeichnis

Schöpfung

Alles dreht sich, alles kreist,
nichts gerade, was beweist,
so exakt der Weltenplan,
er nur dann gelingen kann,
wenn am Ende, welch ein Glück,
kommt zu sich er selbst zurück

Lebenssinn

Ein Schild verlangt nach Lebenssinn.
Dort wollte ich doch eben hin.
Wo geht es denn nach Lebenssinn?
„Mit mir führt jeder Weg dorthin!"
So fuhren wir, es war nicht weit,
denn Lebenssinn ist unsere Zeit.

Lebensphilosophie

Du bist bestimmt zum Sein,
ein Leben froh und rein.

Du Spiegel ewiger Ideen,
wirst Schönheit in Dir selber sehen.

Du Seele, Geist,
die Deinem Leib stets Richtung weist.

Du lebst in Wahrheit,
besitzt Du der Erkenntnis Klarheit.

Du unzerstörbar' Seelenraum,
nur Gutes kann Dein Auge schaun.

Du Fülle in göttlichem Sein,
tauch' vollkommen in das Wissen ein.

Alma olorosa

Wohlriechende Seele,
Dein Duft steigt frühlingshaft
zu mir empor.

Aus tiefen Gräbern löst blumenbunt
ein längst verwester Körper seinen Geist,
um mir zu künden:
ewig.

Nicht Vergänglichkeit wird mich mehr
        schrecken.
Ich atme Dich,
Du,
vor mir entstanden,
zu füllen meinen Leib mit Leben,
Dir will ich mich ganz geben:

Alma olorosa, wohlriechende Seele.

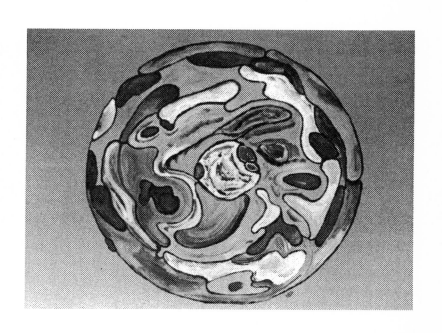

Nabelzeichen

Trägst Du einen Nabel?
fragte das Leben.
„Warum"? sprach ich.
Wenn du ihn hast,
mußt Du mich geben.

Denn als ich Dich in dieses Dasein einst entließ,
mein Freund, der Tod, Dich herzlich liebend
        prieß.
Dann nahm er seinen Knochenfinger
und stach ihn Dir
als Siegel in den Bauch.

Darum hast Du,
seit jener Zeit,
wie alle Menschen
einen Nabel auch.

Er ist das Zeichen, das dem Tod gehört,
in seinem Buche aufgezeichnet ist Dein Wert.
Dein Sein gehört ihm deshalb auch als Pfand,
bis zu dem Tag,
der fern Dir noch und unbekannt.

Unsichtbar wird er Dich begleiten durch die Zeit,
mit Deinem Nabel ihm verzeichnet für die
        Ewigkeit.

Frei

Ich bin ein Adler
und lebe frei
in meiner Heimat
zwischen Wolken und Himmel.

Über mir die Sonne,
unten glitzernde Bäche,
unendlich sind meine Gedanken,
getragen von den Schwingen.

Die höchsten Erhebungen
dienen mir zur Rast.
Berührungen im Horst,
Liebesraum in unerreichbarer Einsamkeit.

Nichts hindert meinen Traum,
Grenzen, Sprachen, nur Merkpunkte,
weit, erdnah, markieren
nur Räume ohne Größe.

Mensch nur, verwurzelt,
doch in meinen Gedanken
bin ich ein Adler
und lebe frei.

Alpenlicht

Hoch oben weint der Gletscherschnee
kristallne Tränen in den See
und über Berges Hügelmatten
gestülpt noch weiße Schneewollkappen.

Oh Himmel, weit gespannt,
geheftet fern am Kuppenrand,
nimm meinen Atem mit hinauf
und halt ihn fest im Jahreslauf.

Denn Ort und Zeit, nichts sollte weichen;
gibt es so üppig Lebenszeichen
von Gottes schöner Alpenwelt,
die tausend Märchen uns erzählt.

Hör' nur gut zu, sieh' das Licht
wie bunt es sich auf Blumen bricht
versteh' die Zeit, den Tag genau,
er grüßt so hell, vergiß das Grau.

Erstes Grün

Ein erstes Grün, es zeigt sich spärlich
am Boden kahler Winterzeit,
das neue Grün, meint er es ehrlich,
der Frühling der die Knospen treibt?

Auch wärmt uns schon die Märzensonne,
läßt gelbe Blütenglöckchen klingen,
mein Geist geht auf in heller Wonne,
hör ich die Vögel lieblich singen.

Mit Wandern nun die Freiheit leben,
auf Wiesen Lämmer wollig blühn,
in frische Lande heiter streben,
bald wird es Mai und alles grün.

Verantwortung

Ich tat nur ein Nichtstun,
das ist meine Tat.

Wo werd' ich nun müd' ruhn,
nach dem Nichttun der Tat?

Zu wehren den Geist gegen Faulheit
und mehren ihn neu,
in neu guter Tat.
Bleibt dies meine Freiheit,
so bin ich bereit mich neu
zu bestärken und Feigheit
zu bestrafen mit neu guter Tat.

So gebe ich Euch
heut' frisch diesen Rat:

Getötet wird immer
im Nichtstun die Saat.
Begreife die Arbeit,
bereite die Mahd.

DU

Auf kräuselnder Welle gleitet mein Kahn,
wo immer ich weile, DU atmest mich an.

DU trägst meine Seele im Raum dieser Zeit,
führst hin mich, wo Quelle entfernt mir das Leid.

Ich fänd' keine Ruhe, wärst DU nicht stets hier,
so spür' ich die Nähe, denn DU bist bei mir.

Gefühle

Gefühle sind anders, ganz anders als Du
Gefühle im Herzen, ohne Rast ohne Ruh'
Gefühle sie wandern, heute hier, morgen dort
Gefühle der Seele zum träumenden Ort.

Gefühle sind Schmerzen, weinen im Wind
Gefühle im Leben wechseln rasch oft,
    geschwind
Gefühle sie hoffen auf das Wunder im Glück
Gefühle der Liebe bleiben einsam zurück.

Gefühle sind Heimweh, Sehnsucht nach Dir
Gefühle im Traumland grüßen von hier
Gefühle sie sollen lieb zu Dir sein
Gefühle der Liebe sagen gern „ich bin Dein."

Beieinander

Würd' ich am Meeresboden wiegen
geschoben durch der Wellen Kraft,
wär' ich im Raum der Luft getragen
dort, wo man Freiheit wolkig schafft,
ständ fest ich erdig, eingewurzelt,
gebunden hart im Lauf der Zeit,

ich würd' noch heut' den Anker lichten
zu lassen mich aus Himmelshöhn,
dem Wurzelwerk den Halt nicht geben
um Dich, Geliebte, treu zu sehn,

damit wir raumlos fest und ewig
wie Wolken fliegen, Wellen wiegen,
nur immer beieinander stehn.

Aroma del amor

Duft der Liebe, Dein Körper,
Augen, Spiegel Deiner Seele,
wie Sterne der Nacht,
Sonnenfaltern gleich die Lider.

Lippen berühren warm meine Wünsche,
während heiß die Zunge Leidenschaft erweckt,
Herzklopfen schlägt den Rhythmus in die Brust,
meine Hände begreifen Dein braun wiegendes
    Haar.

Das blaue Blut des Tages wärmt die Lust,
wie roter schwerer Mohn füllt sich die Wange,
Frühling, Sommer möcht' ich sein bei Dir,
mit tausend zarten Blüten Dich umfangen.

Duftberauscht ihn küssen
den Körper Liebe,
geh nicht,
bleib bei mir.

Ein Morgen

Wie ein Gesicht, noch bleich und mädchenzart
erscheint im weichen Nebelschleier
begleitend jene altgewordne Nacht
mit neuem Leuchten uns die Sonne.

Oh, welche Wonne
in jenen feuchten Wiesen mit Perlentau im Hag,
geschmückt durch Silberlocken uns der Weiher
im Sternenspiegel ruft: Ihr ward!

Lichtstrahl

Zum ersten Mal kreuzte sich der Lichtstrahl
Deines Auges mit dem meinen.

Unsere Seelen elektrisierten.

Die Spannung Deines Blickes lud den Akku
        Liebe,
aufkochend schoß das Blut mir in den Kopf,
rasch riß die unsichtbare Leitung ich entzwei
und suchte, tastend, nun das Leere,
wünschte,
daß der Strahl sich wieder fand,
damit auf ewig,
dann mit ihm
das Herzblut sich verband.

Blätterdach

Von einem Blätterdach gedeckt,
ein kleines Wäldchen sich erstreckt,
zieht aus dem Tal auf Bergesrücken,
um Landschaft heiter zu beglücken.

Auch steht ein Baum, schon alt an Jahren,
hat Winterzeit und Sonn erfahren,
denn neulich lehnt sich an dem Stamm,
ein liebend Pärchen küssend an.

Und wie die Wärme dieser Herzen,
vertreibt aus ihm schon Welkeschmerzen,
so hält das Paar er voll mit Kraft,
dem starken Holz das noch voll Saft.

Deshalb hat er hier nur gelebt
und hat sein Blattwerk aufgestrebt,
mit dem er schützend überstellt,
das Glück der Liebe in der Welt.

Eine

Eine kam,
ganz einfach,
   Du.

Eine nahm,
ganz lieb das,
   Du.

Eine sah,
ganz mich nur,
   Du.

Eine sprach,
ganz freudig,
   Du.

Eine blieb,
ganz innig,
   Du.

Eine schien,
ganz Sonne,
   Du.

Eine war,
ganz traurig,
   Du.

Eine ging,
ganz einsam,
   Du.

Eine nur,
ganz einfach,
   Du.

Gemeinsam

Auf weicher Körperlandschaft lag ich
      wünschend,
ganz Traum, uns alles zu erfüllen.
Ein zartes Beben drang in beide Seelen,
verschmolzen innig sich zu ewgem Glück.

Dein Atem floß um meinen Leib,
als Quelle warm wie ferner Wüstenwind,
wir hielten uns gefangen, lianeneng
      umschlungen,
wir wollten, konnten nicht zurück.

Und im Moment des Gipfels unsrer Lust
wurd' Liebe neu im menschlichen Verlangen.
Die Zeit lag raumlos zwischen unseren
      Gliedern,
neu eingefügt im Mosaik des Lebens: ein
      goldnes Stück.

Vergänglich

Nur ein paar Jahre noch,
wie werden sie vergehn?
Ich träume, glaube dennoch,
sie werden wunderschön!

Nur ein paar Tage noch,
mußt alles schon vergehn?
Ich zittre, hoffe dennoch,
war es nicht wunderschön?

Nur ein paar Stunden noch,
dann wirst Du von mir geh'n.
Ich weine, liebe dennoch,
es war so wunderschön.

Stern

Stern möchtest Du sein und heller immer
Stern willst Du sein und dunkel nimmer
Stern würdest Du sein und reiner Schimmer
Stern wirst Du sein und niemals Glimmer
Stern kannst Du sein und heller Flimmer
Stern mußt Du sein und weißer Schimmer
Stern sollst Du sein und sündig nimmer
Stern mußt Du sein und strahlen immer

Liebeslied

Ein Hauch von Atem.
Morgenzärtlichkeit lag neben mir,
nur zögernd hob das Licht des Tages
das Nachtlid von dem Erdenapfel.

Wünschend vermischte Seele sich mit Seele,
begannen unsere Leiber sich zu suchen,
wir trafen Wärme im Berührungspunkt
und fanden neues Liebesahnen.

Dein Busen hob die zarten Spitzen
bewegt vom Blasebalg mit Luft
noch eh wir uns erlebt,
erfaßt der Lichtstrahl unserer Augen sich.

Voll süßer Träume lag unser Leben beieinander
die Nerven spannten sich zur Lust,
verschmolzen mit- und ineinander,
vibrierend fest, gleich einem Amboß.

Wir schmiedeten die Zukunft
mit glühenden Funken unserer Liebe,
erwacht aus diesem Wohlklang
berauschten unsere Zungen sich mit Küssen.

Die Droge Liebe wühlte unsere Sinne,
bis das ein Fall durch weiche Daunenbetten
uns achtsam in den Tag entließ,
denn wärmend schon floß Tageshelle in den
Raum.

Und immer noch Dein Hauch von Atem
verband sich innig, stetig doch mit mir.

Meine Tränen

Meine Tränen fließen über meine Wangen,
sie rinnen in den großen Strom verzweifelter
    Hoffnung,
unerfüllter Liebe, sehnsuchtschwerer
    Gedanken;
Sie fließen über meine Brust,
die sich schluchzend wölbt,
unter jedem Herzschlag erschrickt,
getrieben durch den keuchenden Atem;
Sie fließen über meinen Leib,
netzen feuchtend die Gruft meiner Wünsche,
bilden Perlen, morgentaugleich verloren,
im Gras auf dem Hügel meiner Lust,
verharren verlockend auf deine Liebkosung,
wünschen den Weg zur Erfüllung,
verlassen die Wärme meiner Mitte,
fließen hinab, wie Regentropfen an einer
    Scheibe,
sich vermehrend zu kleinen Bächen,
rasch, unter meinen Füßen nach Wurzeln
    suchend,
um mich zu trösten, stärken zu neuer Kraft.

Meine Tränen nähren mich,
ich stehe im Becken meiner eigenen
    Traurigkeit,

zu Ufern,
an denen Weiden ihre langen Haare waschen,
    will ich,
dort, wo du, mit ausgebreiteten Armen auf
    mich wartest,
um meine Tränen zu trinken, damit sie dich
    beglücken.

Damit das Schiff dieser Reise dich trägt, will
    ich,
den Fluß mit meinen Tränen füllen.

Blauer Saal

Ein rotes Lächeln weckte meinen Schlaf,
aus fernem Horizonte quoll glitzernd
über die scharfe Kante des Meeres
unser Feuer des neuen Lebens.

Unsichtbar emporgehoben glitt es,
den Schatten verzehrend, hinauf,
zauberte tausend tanzende Diamanten
in das wellig spiegelnde Meer.

Seidig schmeichelte die Luft meine Haut,
kein wolkiger Diener entfernte ihre Majestät,
alles ist Audienz in einem blauen Saal,
so weit, tief und rein von unendlicher Treue.

Bis daß hinter dunkel vorgestellter Bergeskette
das Licht in einem Nachtgewand aus gelb
    geflammten Tüll
zur Ruhe sinkt, um die Sterne aus dem Meer
hinauf an den schwarzen Samt zu heften.

Dankend dem Schöpfer dieses Wunders,
geh' ich, den Schlaf zu bitten,
mir diesen Tag als Bild fest zu bewahren,
damit es mir erscheine stets im Traum.

Denn nie wird er noch einmal sein wie heut'
und zeigen mir voll Staunen diese Welt,
wie er sie schuf: Licht, Wasser, Erde, Himmel,
mein Leben sah es liebend, warm und hell.

An Dich

Das Wolkenbett wurd' aufgeschlagen,
erblickten Sterne Lebenszeichen.

Im Nachtwind fuhr der Himmelswagen,
wo fern wir uns die Hände reichen.

Erlöst sind längst aus Erdenschwere
uns die Gedanken dieser Zeit.

Wir glaubten einst, das es so wäre,
ein Leben ohn' Vergänglichkeit.

Fernweh

Im Reiseblatt stand es geschrieben,
Du sollst die Ferne noch bald lieben.

Mit einem Schiff auf Segeltörn,
auf Kuren, warm, die anderen schwörn.

Flieg nach Hawaii, zum Sonnenstrand,
lauf mal zu Fuß durch Bergesland.

Treib Sport mit Rad auf Schlittschuhkufen,
hör in der Echowand dich rufen.

Ob Hotel, Spielbank, Seenblick,
ein jeder will doch nur dein Glück.

Nimm Auto, Bahn und Fluggerät,
das Fernweh ist hier ausgesät.

Nun leg ich dieses Blatt zur Seit,
denn auf Balkonien hab ich Zeit.

Anatomie

Eisenharte Nervenpaare zeugen Fernweh,
umspannen beehrend Land,
Reflexe Züge schickend,
immer wechseln Abfahrt und Ende.

Grün und Rot wird die Zeit geteilt,
Weichen Richtung geben,
weiche nicht von mir,
damit ich nicht entgleise.

Du bist mein Zug dieser Zeit.

Wegwarte

Auch am Autobahnenrand
blaue Blütensterne blinken
durch die Dämmerung.
Einige eifrige Elfen,
für Fahrten Friedenszeichen.
Gehofft, geblieben, gestrandet,
hier, heute, heimatverbunden.
In Inseln inniglich,
Kupplerin, kronengeschmückte Kaiserin.
Liebe lernt lieben.
Morgentau, Mittagsläuten, Mäanderbraut.
Nachts „nein" nickend,
oh, oh, oh.
Pan prollte pausenlos,
rastlos, ruhelos, ratlos.
Sonnig, sei so,
träumend, tugendhaft, treu.
Violettblau, viel violinensingend,
zupfend, zaudernd, zauberhaft,
weiblich, wegbegleitend, Wegwarte.

Autoschlange

Ein Schlangenwurm zieht übers Land,
er ist Dir sicherlich bekannt.

Des Nachts trägt er die Farben bunt
ohn' Unterlaß zu jeder Stund'.

Auf einer Seite ist er rot,
er bringt Bewegung, manchmal Tod.

Gegenüber ist er funkelnd hell
und saust vorbei so rasend schnell.

Ein Wurm mit blechnem Schuppenkleid
eilt hin und her, hat keine Zeit.

Von West nach Ost, von Süd nach Nord
windet er durch jeden Ort.

Mit seiner gierigen Fernwehzunge
verpestet Luft und uns die Lunge.

Du bist ein Teil des geilen Leibs,
benutzt ihn selbst zum Zeitvertreib.

Gehst Du zu Fuß und bleibst daheim,
ohne Auto dann, wird er nicht sein.

Parken

Wo bunt gemischt in Reihen warten
aus Blech gepreßt die Superharten,
mit einer Karte frisch versehen
dürfen sie auch parkend stehen.

Ein Loch wird frei und schon gedrängelt
sich in die Lücke frech gezwängelt,
im Ort für Kutschen ohne Pferde,
wie wär' sie leer die runde Erde
gäb' es nicht Autos und den Platz,
wo er dann ruht der liebe Schatz,
ob auf der Straße, in den Gassen,
auf freien Wiesen oft in Massen.

Sei es nur unterm Himmelszelt,
am besten billig, ohne Geld.
Stell ich die Limousine ein,
sollt es Privatgarage sein.

Ampelqual

Es sprach sich bald herum im Tal:
die neue Ampel ist fatal.
Was vorher niemals dort geschah,
mit einem mal nun war es da.

Ein langer Stau und stetes Kriechen,
dahin das Fahren, nur dahin siechen.
Doch die Erkenntnis geht nicht weit:
Was teuer ist braucht seine Zeit.

Um manchmal nur zu funktionieren,
bis dahin will man noch probieren,
mit dieser oder jener Schaltung,
erreicht ein Lob für die Verwaltung.

Denn diese möcht' berühmt gern werden,
mit Dummheit necken uns auf Erden.
So wird sie bleiben dort im Tal,
die Ampel, denn es war einmal....

Zeitblick

Ich las im Blatt der Zeitgeschichte
heut' keines meiner Altgedichte,
nur Politik mit hohen Tieren
und Warten vor verschlossenen Türen.

Das Wetter spielte mal verrückt,
dem anderen bracht' ein Sechser Glück,
am Aktienmarkt fiel die Tendenz,
wie wär's mit Urlaub, mal im Lenz?

Gestohlen wurd' und eingebrochen,
bis Weihnachten sind es noch Wochen,
mein Geld ist auch schon wieder fort,
ein Erdbeben im fernen Ort.

Hier ist ein Bild, ich seh's genau,
er trägt zur Tür 'ne dicke Frau,
scheiden ließ sich Flimmersternchen,
wer ist die Schönste im Spiegelmärchen?

In schwarzen Lettern stets gepriesen,
man wäscht heut' nur mit weißen Riesen,
gestorben ist auch das Idol,
die ganze Seite ist davon voll.

Hier fehlt die Ampel, dort das Pflaster,
der Kämmerer spricht: „Woher der Zaster?"
Auch Pestilenzen der neuen Welle,
denn Aids vernichtet jede Zelle.

Am Schluß leuchtet im weißen Kleid
'ne Braut in Liebe, „Hohe Zeit",
warum nach Werten umzusehn,
in Glauben, Hoffen durchzustehn?

Wir sind dazu auf dieser Welt,
zur Tugend braucht man wenig Geld,
drum klapp ich jetzt die Zeitung zu,
seh' Dich ganz lieb, Du, einfach Du.

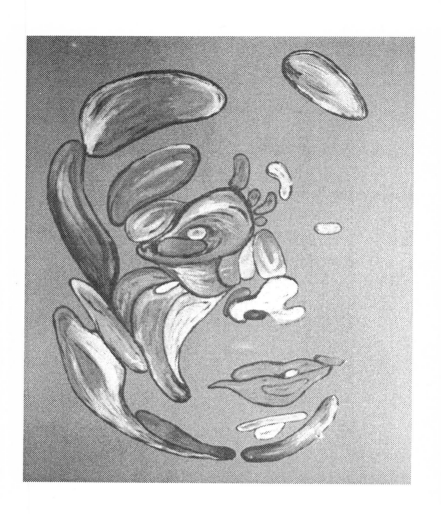

44

Küste

Warum wohl Küste Küste heißt?
Weil sich das Meer am Felsen beißt?

Hat es mit Küssen was gemein,
wer küßt schon wild der Klippen Stein?

Ein Kuß so stürmisch, nagend, brechend,
will sich das Meer am Land gar rächen?

Weshalb küßt ständig Wellenschlag,
das Land zur Nacht, den ganzen Tag?

Hörst du nicht wie es schluchzend fleht:
„gib mir von dir", zum Nachtgebet?

„Geliebtes Land, oh werde mein",
so küßt das Meer beim Mondenschein.

Das Land küßt Meer, die Welle Strand,
ein Liebespaar ist Meer und Land.

Insel Traumland

Ich nahm eine handvoll Wind,
warf sie auf das Meer,
die weißen Segel wölbten ihre Bäuche
und schoben das Fernweh in die Wellen.

Losgelöst vom Land trieben meine Gedanken
mit der rauschenden Gischt,
unter der blauen Seidenkoppel
dem Südwind heiter entgegen.

Zurück blieben Erinnerung
an eingewurzelte Verflechtungen,
nun waren sie gekappt,
Salzluft heilte die Wunden.

Zukunft lag, warm gewürzt, vor mir,
scharf durchschnitt der Schiffskiel die Tiefe,
das Ruder steuerte den Kurs:
„Insel Traumland" mit voller Kraft voraus.

Orangenlicht trinkend versank die Sonne
im vollen Glas des perlenden Meeres,
ihr Nachtkleid mit Glitzerpferdchen bestickt
löschte die heiße Glut des Tages.

Irgendwo dort, zwischen den fernen Zeichen,
lag es, eingebettet in Erwartung,
mein Morgen, Reich des Lebens,
gezeichnet mit dem Siegel des Friedens.

Jetzt nahm ich den Wind in meine Hände,
atmete ihn zurück in das Innere zu meiner
    Seele,
um ihn dort zu bewahren,
bis daß ein neues Licht mich aus dem Schlafe
    weckt.

Dann werde ich ihn wieder hervorholen
und eine handvoll davon nehmen,
sie aufs Meer werfen,
um damit die weißen Segel meiner Träume zu
    füllen.

Das Meer

El mar, das Meer, als Zwitter bekannt
fülle ich den Teil zwischen Erde und Land.

Ein Lidstrich, blau am Horizont gezogen
mit schaumgebleichten Wellenwogen
und am Revers ein Segelboot,
ein wenig Rouge im Abendrot,
im Nachtkleid sternenpallettiert,
das ist es, was mich lieblich ziert.

Aus morgentüllnem Wasserkleide
heb' ich die Sonn' in blaue Seide,
ich trag' ihn hinauf in unendliche Weiten
den goldgelben Ball, Licht ewiger Zeiten.

Meine Haut noch geglättet, kein kräuselndes
        Frieren
unnahbar weit sich noch Ufer mit Küste verlie-
        ren,
nur langsam beginnen die wässerigen Augen
begierig die Wärme, den Himmel zu saugen.

Leicht streichelnd erreicht nun Freund Wind
        meine Wange,
schmückt mich mit Segel und Ruderstange,

ich werde erregt, mich faßt ein Begehren,
im Auf und Ab mich in Wollust verzehren.

Mein Haar werfe wild ich in wogenden
    Strähnen,
beginne zu lachen mit gischtweißen Zähnen
und nage beharrlich am Ufer den Stein,
mein ständiges Lecken schmilzt ihn, er wird
    mein.

Mich schminkt der Himmel in tieftintenblau,
es wäscht mich der Regen traurig altgrau,
grab' meine Wurzeln, die Flüsse ins Land,
trinke beharrlich, als unersättlich bekannt.

In mir färbt der Mond sein silbernes Haar,
ich lieb' meine Kinder, ob See oder Maar;
meinen Mantel werf' ich in wilden Gezeiten,
umspanne den Erdball in Tiefen und Weiten.

Wer mich nie gesehen, meinen Saum nur
    berührt,
hat nicht viel von der Liebe des Schöpfers
    gespürt,
der allumfassend auch mich liebend hält,
mich, das Meer, Vater und Mutter der Welt.

Die Welle

Kaum sah ich sie erhoben
mit leichtem Kräuselschmuck,
da kam sie angeschoben
und gab mir einen Ruck.

Sie warf sich an das Ufer
und küßte es gar wild,
so stürmisch wie ein Rufer
auf einem Seemannsbild.

Flach lief ihr breites Lachen
rasch in dem Sandwerk auf,
ich saß noch in dem Nachen,
verschwunden war ihr Lauf.

So schaukelte ich weiter
auf vielen Wellen hin,
das Leben schien mir heiter,
doch kurz in seinem Sinn.

Wolken

Wolken wandern wieder
wollig, weich und weiß.

Wolken werden wieder
wehmutsvoll und weit.

Wohin wandern Wolken
wehmutsvoll weit weg?

Woher wandern Wolken,
wie weiße Wolle weich?

Warum wandern Wolken
weinend wieder weg?

Weshalb wohl Wolkenwagen
wasserschwer weit wandern?

Wolken waschen Weiden
wolleweich und weiß.

Wolken wandern wieder,
wie weißer Watteschnee.

Wolken wissen wieder,
woher, wohin, wie weit.

Mohn

Es war im Land Jesu zur Frühlingszeit,
die Blumen erstrahlten im festlichen Kleid,
jedoch blaß und farblos dort auch stand,
ein einfaches Blümlein am Wegesrand.

Man beachtete nicht das spärliche Kraut,
es war ohne Leuchten in grünlicher Haut,
die Knospen traurig nach unten hinab,
sie zeigten die Herkunft; das erdene Grab.

Doch trieb man den Herrn vor den Ostertagen,
hinauf nach Kavarien sein Kreuz schwer tragen,
Jesus, den Judenkönig im Purpurgewand,
fiel an die Stelle, wo jene Blume dort stand.

„Ach Du", sagte sie, „Du bist so schön rot,
ich so blaß wie der sterbende Tod",
sie wischte mit ihren Blüten geschwind,
das gemarterte Haupt und fächelte Wind.

„Mein Blut", so sprach er, „soll purpur Dich klei-
den,
alle Blumen werden die Farbe Dir neiden,
in der Mitte ein schwarzes Kreuz soll es künden,
getilgt mit Blut hab ich menschliche Sünden,

Zieren soll Dich eine Kapsel mit Kron,
Du Blume der Schmerzen, Dein Name sei.

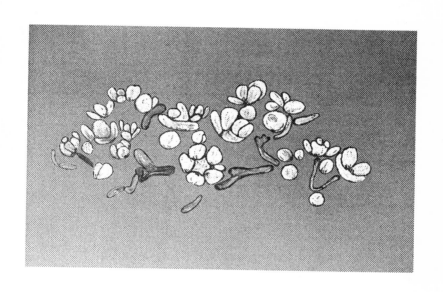

Sonnenaufgang

Eine Uraufführung, täglich,
mit gleichen Darstellern in wechselnden Kostümen.

Noch nachtschwer, dunkel ist der Raum,
verlöschen Sternenbilder, leichter Traum,
ein weiches Rot erhebt am Horizont sich schon,
aus dem Orchester dringt zart leiser Vogelton.

Nun schiebt der Regisseur Kulissenmassen her,
bemalt in purpur, zartgrün, rubinschwer,
wird die Beleuchtung auch schon installiert,
mit Gold gekräuselt Wolkenheer drapiert.

Jetzt hebt die Musik Forte in das Stück,
das Auge staunt, erlebt ein Schöpfungsglück,
wie hier das Farbregister aufgezogen,
türkis, weinrot mit violett am Himmelsbogen.

Am Rand, dort wo das Meer den Hintergrund
        zerschneidet,
taucht nun Herr Sonne, im Majestätsgewand
        gekleidet,
an unsichtbaren Fäden hochgezogen, in die Bühne
        ein,
veratmet Buntlack warm als Sonnenschein.

In vollem Rausch erklingt die Farbenmorgensinfo-
        nie,
getragen von dem Blumenchor in zarter Melodie,
schon wird das Licht zum Tag emporgehoben,
ich steh noch staunend, dankend will ich loben!

Gartenwunder

Ich ging in meinen Garten und sah des Lebens
Lauf,
was kürzlich in der Tüte, schon keimend ging
es auf.

Es wurde immer größer, bunt, üppig war die
Pracht,
die Sonn' ging eher unter, und frostig kam die
Nacht.

Ein langes Warten lag nun dort auf weißem
Land,
doch neulich merkt' ich's wärmend, die Sonne
höher stand.

So ging ich in den Garten, vertraut' ihm Samen
an,
damit es diesmal wieder ein Wunder werden
kann!

Krekelbaum

Ich hatte einen Jugendtraum
und pflanzte mir den Krekelbaum.

Erinnerung liegt weit zurück
und ach, so fern auch manches Glück.

Er spendet Schatten mir und Traum,
begleitet meine Zeit, füllt Raum.

Hier klang so mancher frohe Scherz,
gab stillen Trost in tiefem Schmerz.

Verschwiegen nahm er alles kund,
was heiter kam aus meinem Mund.

Es sang so froh der Finkenchor,
wenn Frühlingblüte kam hervor.

Der Bienenlied beim Sonnenglanz,
im stillen Winter Flockentanz.

Ich kämmte ihm die Äste aus,
er grüßte jeden stumm am Haus.

Er warf mir Früchte vor das Tor,
sprach Dank, ganz leise an mein Ohr.

Nahm jedes Wetter ohne Murren,
manchmal im Stamm ein dumpfes Knurren.

Vom Krekelbaum fiel weißer Blütenschnee,
heut' tat er meinem Herzen weh.

Niemals wird er mir Früchte geben,
heut' nahm der Tod mein eigen Leben.

Die Seele wird vom Himmel schaun,
auf meinen lieben Krekelbaum.

Jahrtausend

Jetzt pflanz' ich ein Jahrtausend ein,
damit es wächst zum Eichenhain.
Dem Wald wird Gott den Segen geben
mit Sonne, Wolken, warmem Regen.

Wenn dann wieder Sommer fällt
auf diese schöne, bunte Welt,
und von mir nichts mehr ist bekannt
in unsrem grünen Heimatland,
dann steht er noch, der alte Wald,
schon ein Jahrtausend wird er alt.

Landsegen

Nun fielen Tränen auf das Land,
daß ausgetrocknet, braun verbrannt.

Der Samen bohrte sich ins Fleisch der Erde,
die grünen Matten fraß die Herde.
Schwungvoll hinauf kreist in den Himmel steil
     die Sonne,
gab Ernte reich und füllt' die Traubentonne.

Schon schwollen dunkle Wolken prall gefüllt
     mit Regen,
geöffnet weit in kühlen Nächten für den neuen
     Segen.

Schmetterling

Berauscht, doch lautlos flattert er,
mit buntem Kleid so froh umher.
Ein Gaukler ist er, lieb benannt,
als Schmetterling uns wohl bekannt.

Dort eine Blüte lockt so fein,
taucht trinkend er so tief hinein.
Mit leichtem Wind ein Flügelschlag,
froh winkend fliegt er in den Tag.

Stets unstet will er gerne sein,
liebt Sommer sehr und Sonnenschein.
Einst kroch er raupend übers Land,
wo er verpuppend lang verschwand.

Doch jetzt verließ er diese Hülle,
genießt der Freiheit große Fülle.
Setzt er sich auf ein junges Blatt,
legt Ei zu Ei, soviel er hat.

Nie wird er mit den Kindern fliegen,
sich spielend auf der Wiese wiegen.
Er flog davon, ich sah ihn schweben
ins blaue, weite Falterleben.

Der Apfelbaum

Auf einer Wiese, dick im Stamm,
steht mächtig er, gleich wie ein Mann,
mein Freund, der alte Apfelbaum,
bewahrt er schweigend manchen Traum
von eigner Jugend, Frühlingszeit
mit bunten Blumen, weit und breit.

Noch klein war er vor vielen Jahren,
als man ihn hat hierher getragen
und pflanzt' ihn mit den Wurzeln ein,
nach Regen stets kam Sonnenschein.

So wuchs er kräftig in den Raum,
er ist mein Freund, der Apfelbaum.

Ihm sang ich jubelnd Frühlingslieder,
mit zarten Blüten dankt' er wieder,
die Amseln zogen pfeifend ein,
er war mein Dach beim Stelldichein,
gekrönt mit Perlen war sein Haupt,
in jedem Herbst, man Wunder glaubt.

Er warf sie mir ins weiche Feld,
„geschenkt", nickt' er „ ich brauch' kein Geld",
für mich ist's stets ein ewger Traum,
ich lieb' ihn sehr, den Apfelbaum.

Wird man mich einst zur Ruhe tragen
und er nach mir vielleicht dann fragen,
die Äste traurig dürre werden,
wird sterben er in dieser Erden,
denn keiner bleibt mehr grüßend stehn,
um freudig Blüten, Knospen sehn.

er ist allein, grau wird sein Haar,
zerzaust vom Herbstwind, garstig gar,
wird meine Seele ihn glücklich schaun,
er bleibt mein Freund, der Apfelbaum.

Gelber Stoppelbart

Gelber Stoppelbart des Sommers
duftet herb und sonnensüß.
Neuer Raum auf Ackerweite
wo ich Juliträume ließ.

Mohn steht reif im Samenminarett,
einst mir schon verführerisch erblüht,
wie Dein Mund zu heißen Küssen,
voll und frisch die Wange glüht.

Noch leckt der Garten warmes Licht,
läßt reifen Gurken und Tomaten,
bis bald uns Nacht nur zittern macht,
Erinnerung bleibt, läßt neu uns warten.

Im Weinberg

Im Weinberg ruht die Herbstessonne,
vergoldet Blätter wärmend mild.
Ich seh' die Welt in farbger Wonne,
bunt palettiert auf bronzerotem Wappenschild.

Mit prallen Trauben, zart bereift,
bedankt der Sommer sich im Gehn,
wohin das Aug' auch suchend schweift,
ich kann nur Ernte dankend sehn.

Bald ruht die Zeit im Winterhang
und zeigt der Reihen kahles Stangenwerk,
doch mir ist nicht im Herze bang,
ruht eingekorkt im Keller still mein Weinberg.

Goldenes Licht

Wenn die Fülle des Sommers, golden sich
neigt
und der Wald steht ruhig im Nebel und
schweigt,
vom Baume fällt manch buntes Blatt,
gefüllt noch von Sonne und Wärme, so satt.

Die Trauben reifen im letzten Licht,
das wärmend sich am Felsen dort bricht,
geerntet das Feld, gebrochen das Land,
bestellt für ein Morgen, das ruht unbekannt.

So wandert die Sonne, taucht früher zur Nacht,
vom silbernen Lächeln des Mondes bewacht,
so gehe auch Du, mein Herz, durch die Zeit
und sei wie der Herbst, zum Wandel bereit.

Ein Abschied

Heut' kündete sich ein Abschied an,
gebettet in Schleier lag Wiese und Tann'.
Im Hochzeitskleid zog der Sommer dahin,
warf goldene Strahlen auf Herbstesbeginn.

Behangen mit glitzerndem Perlengewand
er blumenlächelnd im Garten dort stand,
noch einmal küßt' er warm, mild meinen Leib,
dann zieht er mit Luftvolk in südliche Zeit.

Ein silberner Faden berührt meine Hand,
ich merke den Riß nicht, die Trennung vom
        Land,
noch leuchten Früchte rotbackig am Baum,
erinnern an Sonne, Licht, Wärme -
        ...ein Traum!

Erster Schnee

Heut' bin ich fröstelnd aufgewacht,
nur zögernd schlich davon die Nacht.
Ein Zauberbann hielt sie gefangen
an weißen Spitzen in den Tannen.

Und überall war es geschehen,
jetzt war es deutlich auch zu sehen,
die Häuser trugen helle Mützen,
verschwunden waren braune Pfützen.

Es lag auf meinem Weihnachtsbaum,
der ganze Garten war ein Traum,
verpackt in weiche Winterwolle
ein Wunderland von der Frau Holle
und ihrem treuen Wintersmann
lag alles in dem Zauberbann.

Gelöst wird erst der Winterpelz
durch Neugier Sonnens Frühlingsschmelz.

Nun nicht mehr fröstelt mich zur Nacht,
ich bin vom Wundertraum erwacht.

Unzertrennlich

Es trat der Schatten in das Licht
und dieses sprach nur: „Weiche!"
Darauf verschwand er jämmerlich,
wurd' blaß wie eine Leiche.

Du bist bestimmt zu Rang und Sein
und streb' nicht nach den Dingen,
die mir gehören ganz allein
und Dir nur Schaden bringen.

Ob Du zum Licht geboren bist,
der Schatten Dich begleitet,
das eine geht ohn's andere nicht,
ein jeder nützt auf seiner Seite.

Heute

Heut' hab' ich gelebt, heut' hab' ich gesungen.
Heut' hab' ich getanzt, bin rumgesprungen.
Heut' hab' ich gespielt, mit dem Frauchen
    getändelt.
Heut' hast Du, fragt sie, nicht woanders
    gebändelt?
Heut' hab' ich gesoffen, geschluckt wie ein
    Specht.
Heut' wurd' mir dann übel, ich glaub' mir war
    schlecht.
Heut' geht es mal so, drum sage ich Dank.
Heut' bin ich mal froh, vielleicht morgen gar
    krank.
Heut' geht es Euch allen anscheinds so wie
    mir.
Heut' wollen wir leben, gegrüßt seid Ihr hier.

Konferenz

Meine Damen und Herren, Sie müssen sitzen,
über Probleme nachdenken, kräftig schwitzen,
trinken Sie Kaffee, qualmen den Rauch,
ist Sitte hier, notwendig und Brauch.

Die Konferenz, die ich eröffne, beginne,
benötigt Geist, Kraft und Ihre Sinne,
wir müssen heute die Zukunft bedenken
und auch etwas Dividende verschenken.

Pausen sind günstig mit Essen bedacht,
denn wir tagen sicher bis spät in die Nacht,
ein Teil davon wird Sitzschlaf wohl sein,
nicken Sie bitte aufmerksam nur ein.

Wir diskutieren alles nach Komma und Strich,
als Leiter des ganzen fungiert Dr. Ich,
Sie dürfen sich melden mit Frage und Rat
nach Abstimmung folgt vielleicht auch die Tat.

So wollen wir mit Schwung beginnen,
ehe die Stunden nutzlos zerrinnen,
um allen Erfolg beim Marathonschwitzen,
es ist Konferenz, verurteilt zum Sitzen.

Klassenfest

Zum Feste, das Ihr heut' bereitet
geziemt sich wohl ein frohes Wort,
wenn frische Reden es begleitet,
dann fließt das Bier in einem fort.

Vom Leben reißen sich die Jahre,
manch einer hat schon keine Haare,
die sonst so schlank und wohlgeformt
sind rund und dick nun neu genormt.

Bald Oma, Opa sie sich nennen,
die wir als Kinder doch noch kennen.
Sie rasen auf die 50 zu,
das Leben läßt sie nicht in Ruh'.

Hier wird geschafft, dazugewonnen,
das Glück ist manchem weggeschwommen.
Bleibt uns denn keine Zeit zum Denken?
Wer hat schon Zeit, sie zu verschenken!
So jagen wir auf unserer Erde
dahin, damit es Abend werde
und träumen von dem neuen Morgen,
ganz ohne Pflichten, Hetze, Sorgen.

Verlebt deshalb in frohen Stunden
beim Wein und Tanz in Klassenrunden
dies' Fest und denkt auch mal daran
dies schrieb Euch Euer Christian.

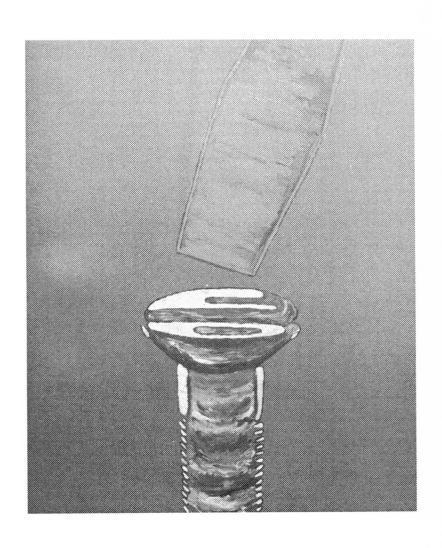

Mein lieber Sohn

so möchte ich gern sagen,
doch oftmals hörst Du mich nur klagen,
denn dies und jenes sei zu tun
und Du erwartest auszuruhn.

Es jährt sich heut' Dein erster Schrei,
schon viele Jahre sind vorbei
und groß und stark bist Du geworden,
von Deiner Jugend mir zu borgen

würde sicher nicht erfüllt,
die Zukunft Dir die Wünsche stillt,
die täglich Dich aufs neu' begleiten,
nach Mädchen, Reisen in die Weiten.

Zuerst doch lerne viel und fleißig,
Erfolg wird Frucht sein, soviel weiß ich,
daß Du aus breitem Lebenstal
hinaufsteigst zu der Sternen Zahl.

Mit Wissen, Können, Hilf' erweise,
damit Du auf der Lebensreise
stets froh und glücklich leben kannst
und jedes Unheil von Dir bannst.

Ich wünsche Dir stets nur das Beste,
nicht heute nur, am Wiegenfeste,
Gesundheit hab und frohen Sinn
dann läuft das Leben heiter hin.

Mein lieber Sohn, möcht' ich nun sagen
ich bitte Dich, hilf mich ertragen,
schließ mich in Deine Liebe ein
so bist Du sicher nie allein.

Ich tu es schon seit ersten Tagen,
als ich Dich klein hereingetragen
in unser Liebe Eheleben,
um Dir die Wärme auch zu geben.

Nun gehst Du schon aus unserem Haus,
verwaist Dein Platz sieht leer er aus,
doch wissen wir, es muß so sein,
damit die Ruh' kehrt in Dir ein.

Drum bleibe fleißig, sei bescheiden,
das Böse tue gern vermeiden,
so wirst Du bald ein großer Mann,
niemals ein Leid soll Dir getan.

Auf einem langen Lebenswege
bleib' fest auf schwankem Stege
Gebrauch' Dein Herz um Lieb' zu geben,
der Lohn wird reichlich und der Segen.

Vertrau' dem Guten, Edlen, Schönen,
Zufriedenheit wird Dich dann krönen,
denk' an die Pflicht, ein Mensch zu bleiben,
der Friede sei Dir immer eigen.

Bau' an der Zukunft dicker Mauer,
sei geizig nicht, werd' herzlich, schlauer,
hilfreich möge man Dich nennen,
als Schutz der Schwachen Dich erkennen.

Du siehst, es bleibt noch viel zu tun,
es ist nicht Zeit schon auszuruhn,
drum steh' rasch auf, erfrisch' den Leib,
zu schlafen mit dem jungen Weib,

wird Dir die Manneskräfte stärken
und Frühlingsrausch wird in Dir wirken,
so werd', ich bitt' mit leisem Ton,
geliebt von allen, mir, mein Sohn.

Geburtstag schenkt uns neue Zahlen,
mit neuem Jahr auch neue Wahlen,
entscheide Dich gut und auf das Neue
für Glaube, Hoffnung, Lieb' und Treue.

Und denke auch einmal daran,
Dein Vater liebt Dich, Christian.

Steuerparadies

Die Steuern sind mir ein Problem,
wie wär es ohne sie doch schön.
Es würde kein Finanzamt geben,
dort ständ' das „Paradies zum Leben".

Wir würden dort im Gelde schwimmen
und uns im Sektpool kräftig trimmen,
viel Arbeit wär' für Jedermann
mit Gewinn an dem was dran.

Abschreibungen zu Investitionen,
die gibt es hier nicht, weil sie nicht lohnen,
niemand wird mit Hinterziehungen prahlen,
man braucht nicht zu lügen mit
      Wirtschaftszahlen.

Doch ich muß nur noch zahlen, zahlen,
erleide grausam tausend Qualen,
bin ich mal oben auf dem Berg,
reißt mich's Finanzamt zum Wirtschaftszwerg.
Das Leben wäre wirklich schön,
und obendrein noch angenehm,
ich könnt' von meinen Steuern leben,
vielleicht freiwillig doch was geben.

Lustlos

Nun denk' ich um das Denken rum,
red' ich heut' viel oder bleib' gar stumm?
Teil' ich die Zahl oder nehm' sie mal
ach, so ein Rechnen ist mir Qual.

Spar' ich heut' fleißig oder werf' mit Geld
nach Motto gar: was kost' die Welt?
Ich müßt' mal um die runde Welt!
behalt' ich lieber doch mein Geld?

Leist' ich mir gar ein teures Weib,
für Liebe, Laster, Zeitvertreib?
Trink' ich heut' roten, weißen Wein,
eß' ich mal Fisch oder wieder Schwein?

Im Magen ist mir noch ganz übel,
beim Haken fehlt der Haltedübel,
jetzt will ich erst mal Kaffee trinken,
die Aktien am Markt auch wieder sinken.

Im Norden kalt, im Süden heiß,
mal friere ich, dann bricht der Schweiß,
dem Haus fehlt auch der Reinheitsschmiß,
der Sauger brummt, es ist ein Schiß.

Der Eimer Müll ist auch schon voll,
was heute ich wohl kochen soll?
Dem Kühlschrank fehlt die Lebenskraft,
das Bier schon weg, der Apfelsaft.

Zum Frisör wird's auch wieder Zeit,
zu eng ist auch das rote Kleid ,
drum laß ich nicht das Rauchen sein,
sonst stellt sich gleich die Fettsucht ein.

Ein neues Auto müßte her,
das Laufen ist einfach zu schwer,
ich glaub', ich bin heut' einfach krank,
der Anzug hängt noch nicht im Schrank.

Mir fehlt zur Arbeit heut' die Lust,
am Aktenberg entsteht nur Frust,
drum schlaf' ich heut' mal richtig aus,
ihr seht mich nicht, ich bleib' zu Haus.

Roulette

Die Kugel ruft zu neuem Glück,
bringt Bares mir vielleicht zurück!

Doch meistens ist der Traum rasch aus,
leer gehst Du aus dem Spielerhaus.

Das Geld bleibt dort zuhauf zurück,
es bringt der Bank das große Glück!

Wahlen

Nun gab es wieder freie Wahlen,
für manchen Bürger sind es Qualen,
wen wähl' ich diesmal in den Rat,
wer setzt sich ein für gute Tat?

Mach' ich das Kreuz in dieses Feld?
Wähl' ich mal den, gibt's bald mehr Geld.
Wie wär's mit schwarz, rot, grün, gelb, bunt,
wo schlägt mein Herz in dieser Stund'?

Ich mach' einfach die Augen zu,
setz' blind mein Kreuz, dann hab' ich Ruh',
falt' still das Blatt, steck's in den Topf,
bin nur ein armer Bürgertropf.

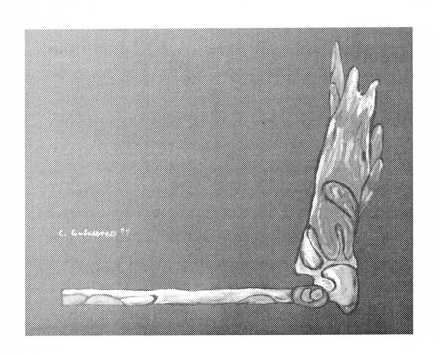

9. November 1989

Freiheitswind wehte an mein Ohr,
brachte Wünsche und Sehnsucht in mir hervor.
Eine Grenze umschließt mein ostdeutsches
Land,
ein Zaun, eine Mauer von Menschenhand.

Frei fliegt der Vogel in den Lüften umher,
der Wind bringt Wolken aus westlichem Meer,
vom Acker dort drüben weht Samen ans Haus,
ohne Beschränkung wühlt freudig die Maus.

Nur ich darf den Nachbarn dahinter nicht sehn,
ihn nicht lieben, besuchen, verstehn,
ein Licht nur würde das Dunkel erhellen,
wenn wir es nur in die Herzen uns stellen.

Den Willen, die Freiheit anzumahnen,
frei zu reisen auf Straßen und Bahnen,
schafft dieses Licht, wir sind dabei,
wir sind ein Volk, jetzt sind wir frei.

Krieg

Krieg - ein Land, das mit Blut besudelt ist und
   täglich weiter besudelt wird.

Krieg - das sind Kinder, klein mit fragenden
   Augen und abgerissenen Beinen, auf
   Krücken hinkend.

Krieg - Erde mit Tränen gewässert, durch
   Bomben zerpflügt, deine Samen sind
   Kugeln, Haß läßt sie gedeihen.

Krieg - stinkt nach verwesenden,
   verstümmelten Leichen,
   bleigespickt.

Krieg - wie schön, dich gemütlich vom Sessel
   aus auf dem Bildschirm zu betrachten, wie
   du stöhnst, ächzt, dich quälst und windest,
   hoffentlich verreckst du noch nicht so bald,
   denn mein Alltag ist so gähnend langweilig,
   prost!

Glaube, Hoffnung, Liebe

Glaube, Du mein Fundament,
denn nur Glaube wird stets siegen,
Du, der Kerkerketten sprengt
gib mir Kraft und Mut hernieden.

Hoffnung, Licht seit Ewigkeiten
in der sich das Weltall dreht,
wirst es bleiben alle Zeiten,
bis der Erdenstaub vergeht.

Liebe, laß mich Wärme spüren,
atme mir nur Glücklichsein,
muß ich Dich auch einst verlieren,
bleibe bei mir, ich bin Dein.

Hoffnung

Im Turm der Nacht erwachte neu das Leben,
aus bröckelndem Gemäuer hört' ich leises
    Klagen.

Verlassen hing an jenem rostgen Eisenring
ein Hauch geschundner Folterseele.

Verzweifelt' Stöhnen und Bekennen
verflüchtigt sich geritzt in steingen Quadern.

Erlöst hat längst der neue Morgen diese
    Qualen,
denn Freiheit wärmt das helle Himmelslicht.

Gefesselt ist der Leib, die Hoffnung nicht.

Gelebt

Gezeugt, Genesis, Gesicht, Genick, Gedärme.
Geboren, gestrampelt, geschrien, gefräßig,
    geborgen.
Gehorsam, genervt, gespielt, gerätselt, geschult.
Gewachsen, gezeichnet, gebildet,
    gegensätzlich, geduldlos.
Gefreit, geliebt, geheiratet, geschieden, gemein.
Gebraucht, gehurt, geraucht, gesoffen, geächtet.
Gearbeitet, gebückt, gerackert, geflucht, gefleckt.
Gewonnen, genommen, gegeben, geklammert,
    gefallen.

Gefühlt, gehaßt, geklaut, gefangen, gefroren.
Gezittert, gelitten, gebetet, gehofft, geglaubt.
Gelockt, gemacht, gelobt, gemeckert, gefeuert.
Geschafft, gerafft, geholt, gelacht, geweint.

Gewußt, gemeint, geschnüffelt, gequatscht,
    geschworen.
Gedroschen, gewitzt, gewogen, gewühlt,
    gefunden.
Gelesen, gereist, gesehen, gedacht, geruht.
Gealtert, gebrechlich, gefühllos, gestorben,
    gewesen.

Gelebt.

Endgericht

Gott rief zum großen Endtermin,
wo jeder schließlich auch erschien,
als Anwalt brachten alle an
den Engel ihrer Lebensbahn,
der sie behütet und geführt,
wie es auf Erden sich gebührt.
Doch mancher Schutzgeist sah schlimm aus,
geworfen war er aus dem Haus,
wo er doch nur das Gute wollte,
weshalb ihm mancher jedoch grollte.

Der Richter brachte Akten mit,
in die vermerkt war jeder Schritt.
Er rief die Sache „Adam" auf,
das Endgericht nahm seinen Lauf.

„Dir gab ich ein Verbot zur Hand,
du weist das in dem Garten stand,
mein wunderschöner Apfelbaum,
der brachte dir Erkenntnis Raum,
das du gesündigt mit dem Biß,
von da an war dein Leben schiß,
hast mich verflucht, bös Lied gesungen,
in andre Ehe eingedrungen,
nahmst einfach dir manch fremdes Weib,
zum Beten hattest du nie Zeit,

gelogen hat dein frecher Mund,
gestohlen du in dunkler Stund,
nicht hielst du die Gesetze ein,
damit du lebst im ewgen Schein".

Gar zornig wurd der Hohe Rat
ob dieser vielen Missetat.

„Oh Herr", trat nun sein Engel vor,
„Du warfst ihn selber vor das Tor,
dort wo der Teufel jeden zwickt
und mit der Sünde ihn erquickt.
Wär er im Paradies geblieben,
ihm die Sonne warm geschienen,
gedankt hätt er, so froh gelobt
und nicht im Wutanfall getobt.
Ein frommer Mann wär er noch heut,
hätt für die Sünde keine Zeit.
Der Fehler liegt nicht bei dem Mann,
allein bei Euch, erkennt es an!
Ihm habt ihr eine Frau geschaffen,
mit listigen geheimen Waffen
hat sie den Menschen hier verführt,
ihr allein die Straf gebührt,
denn Adam ist dein Schöpfungsziel,
was Euren Augen auch gefiel.
So müßt ihr ihn von Schuld befrein,
auf ewig Leben, laßt ihn ein"!

Die Massen in dem großen Saal,
unzählbar Tausende an Zahl,
sie stimmten grölend, jebelnd ein,
im Paradies wollt jeder sein.

So saß nun Gott auf seinem Thron,
ihm zur rechten auch sein Sohn,
der heilig Geist flog hin und her,
das Richten fiel ihm sichtlich schwer.
Er will nun auch nicht ewig Fluch,
so sucht er im Gesetzesbuch,
den Paragraphen wo dort steht,
wie so ein Urteil richtig geht.
Dann steht er auf und gibt bekannt
der Erde und dem ganzen Land:
„Ich liebe Euch und kommt zu mir,
bleibt ewig, immer gerne hier,
die größe Gottes niemand kennt,
viel größer als das größte Hemd,
ist meine Güte Euch geblieben,
denn immer will ich Euch doch lieben,
zum Mahl an dieser Himmelstatt,
setzt alle Euch und werdet satt,
stimmt mit mir in den Jubel ein,
ein jeder soll hier glücklich sein"!

So glaub ich, könnte es geschehen,
daß wir dort oben es so sehen,
drum wollen wir Gott dankbar sein
und ihn auf Erden schon erfreun.

Deine Zeit

Da rinnt das Sandkorn durch die Zeit
und kündet stets, es ist soweit.

Wo blieb sie nur, die lange Zeit,
dahin ist sie, und fort... so weit.

ein kleines Häuflein ist noch Zeit,
mach Dich bereit, bald ist's soweit.

Dann ist zerronnen Deine Zeit,
die einst noch war, so weit... so weit.

Sie kommt nicht mehr die alte Zeit,
die ist schon tot und schon so weit.

Drum nütze heute Deine Zeit
und denk nicht dran, an das Soweit.

Doch kommt sie dann einmal die Zeit,
dann sei bereit: es ist soweit!

Das letzte Jahr

Das lange Sterben steht bevor,
und niemand hört mein klagend Wehen,
was freudig mit Geburt begann
heut' ist es nur ein ständig Flehen.

Noch leuchten mir die Blumen frisch am
    Wegesrand,
der Schöpfung Allmacht neu mein Herz erfreut,
ein letztes Jahr der Hoffnung mir gegeben,
damit im Tod mich nichts gereut.

Die Sonne wandert mir zu schnell am
    Firmament,
das Leiden ist zum Freund mir nun geworden,
ich liebe innig, träum vom neuen Leben
und weiß, bald bin ich ewig dort geborgen.

Vorbei

Ich hab' jetzt keine Lust mehr!
Das Warten fällt mir viel zu schwer,
auf Dich mit Deinen tausend Gründen,
Du könntest „dies und das" nicht finden.

Jetzt fahr' ich weg, ich hab' genug,
es ist für mich nur Selbstbetrug,
zu glauben, daß Du jetzt noch eilst,
nur mit dem Spiegel Lächeln teilst.

Mich siehst Du nicht, willst nur mein Geld,
es ist nur das, was Dich noch hält,
so lebe weiter, bleib allein;
mit fällt bestimmt was Besseres ein.

Danke

Ich habe das warme Licht des Tages gesehen,
funkelnde Sterne über schneebedeckten, nacht-
dunklem Feld,
der Wind brachte regenschwere Wolken,
sie weinten sich aus über ausgedörrter Erde,
dampfend roch sie mir entgegen,
jubilieren hörte ich die Welt,

mein Garten gab mir Erfüllung in harter Arbeit,
noch schmecke ich süße Früchte und herbe
Kräuter,
meiner Mutter sei Dank, daß sie mich gebar,
danke dem Wunder, daß ich war,
dem Licht, so rein und klar,
euch allen sei Dank, es war wunderbar.

Tischgebet

Wir wollen beten:
Für Arbeit,
ein frohes Morgen,
keine Sorgen,
Liebe und Dank,
keinen Neid,
nicht Zank,
für Friede
und Wohlstand
für alle im Land.

Dann sagen wir gerne:
„Gott sei Dank!"

Bilder von Centaureo C. Nitsche